L'IMPOT

SUR

LES REVENUS

PAR

CHARLES STAEHLING

ANCIEN MEMBRE DE LA CHAMBRE DE COMMERCE DE STRASBOURG

Prix : **25** centimes

PARIS

LIBRAIRIE SANDOZ ET FISCHBACHER

33, RUE DE SEINE, 33

1876.

L'IMPOT

SUR

LES REVENUS

PAR

CHARLES STAEHLING

ANCIEN MEMBRE DE LA CHAMBRE DE COMMERCE DE STRASBOURG

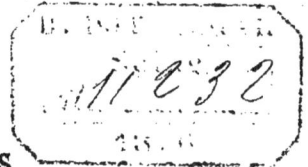

Prix : **25** centimes

PARIS

LIBRAIRIE SANDOZ ET FISCHBACHER

33, RUE DE SEINE, 33

1876.

L'IMPOT SUR LES REVENUS

Parmi les impôts en France, ceux sur les boissons et le sel furent certainement le plus fréquemment et le plus violemment attaqués.

Au retour des Bourbons, en 1814 et 1815, on entendit souvent retentir les cris de « à bas les droits réunis. Ces mêmes cris accueillirent, en 1828 et 1831, Charles X et Louis-Philippe, lors de leurs voyages dans les provinces de l'Est; enfin, l'Assemblée constituante de 1848 crut ne pouvoir se séparer sans voter l'abolition de l'impôt sur les boissons. Malheureusement, l'Assemblée de 1849 le maintint, et jusqu'à ce jour, sous prétexte que la suppression de cet impôt bouleverserait le système financier de la France, il a été constamment maintenu.

Il y aurait cependant un moyen bien simple de combler le déficit que causerait la suppression de l'impôt en question, ainsi que celle de l'impôt sur les allumettes, le vinaigre et autres, que la dernière Assemblée nationale a votés, au lieu de recourir à un remède radical, dans le but d'équilibrer le budget démesurément grossi par nos malheurs de 1870-1871.

Ce moyen radical, on le devine, est la taxe sur le revenu, l'impôt le plus rationnel que l'on puisse imaginer, puisqu'il repose entièrement sur les revenus annuels de toute espèce, rentes, fermages, loyers, intérêts des capitaux, rétributions et profits, en un mot toutes les facultés financières du contribuable. Pour qu'il soit équitable, on devra en exempter les petits revenus et admettre une légère progression pour les autres ; il est évident, en effet, qu'une personne ne jouissant que d'un revenu de 2,000 fr. aura plus de peine à en sacrifier un demi °/₀ seulement, qu'une autre, en possession de 100,000 fr. de revenu, n'en aura à en payer deux °/₀, la première ayant besoin de *tout* son revenu pour vivre, tandis que la seconde conservera, impôt déduit, 98,000 fr., ce qui est plus que suffisant. On a vraiment lieu d'être étonné, tant la chose paraît claire, de voir que la France n'a pas encore suivi l'exemple donné par les pays les plus civilisés, tels que l'Angleterre, l'Allemagne, la Suisse, qui depuis longtemps ont leur impôt sur le revenu (*Income-tax*).

Mais, dit-on, en France, ce remède, en théorie, est excellent, en pratique, impossible ; et pourquoi donc, puisque d'autres pays l'ont adopté ?

Avouons-le franchement, cette impossibilité ne gît que dans notre égoïsme : Il faut à la France annuellement au-delà de deux milliards, et l'on trouve plus commode de les faire payer indistinctement aux pauvres et aux riches, que de soulager la population la moins aisée, en reportant su les riches, à l'aide d'une taxation progressive, la part de l'impôt dont les classes moins fortunées se trouveraient déchargées.

Nous ne voulons pas soutenir que l'impôt sur le revenu n'a pas ses inconvénients ; il n'y a rien de parfait sous le soleil, en matière d'impôt surtout. Dans les droits réunis, les douanes, l'enregistrement, voire même les contributions directes, il y a du frottement et du coulage ; cependant on n'a jamais prétendu qu'il fallait les supprimer, sous prétexte que malgré la surveillance la plus rigoureuse d'une armée d'employés et de contrôleurs, il était impossible d'éviter certaines fraudes qui lèsent le trésor.

Qu'il me soit permis de faire, à cette occasion, une remarque ; c'est qu'en France on semble avoir un peu la malheureuse idée que, frauder le trésor, ce n'est pas voler ; cependant c'est voler tout le monde, le riche comme le pauvre et l'on ne saurait assez réagir contre cette mauvaise tendance qui a pris naissance dans les tracasseries, forcées peut-être, des agents du fisc et dont les contribuables se vengent de cette façon.

Les adversaires de l'*income-tax* lui reprochent principalement de ne pas offrir au trésor un rendement fixe; cela est vrai : une mauvaise année diminue les recettes de l'agriculture ; une crise industrielle change parfois en pertes les bénéfices qu'espéraient le fabricant et le banquier.

Cet inconvénient réel n'est cependant pas tellement grave qu'il semble de prime abord, car supposons que les Chambres votent en décembre prochain l'imposition des revenus de 1876, il est évident que le produit éventuel n'en pourra pas figurer au budget des recettes de 1877, qui est déjà voté, et se traduira par un excédant à la fin de l'année 1877. On obtiendra par là la mesure dans laquelle on pourra supprimer, dès 1878, les impôts vexatoires dont nous avons parlé, et en même temps une base d'évaluation d'après laquelle le produit de l'income-taxe devra figurer dans les budgets de l'avenir. En adoptant, à cet effet, un chiffre modéré, un peu inférieur à celui du rendement de l'année précédente, on ne sera pas plus exposé à des mécomptes qu'on ne l'est par les contributions indirectes en général, dont le produit est également variable d'année en année.

La fixation du revenu imposable semble aussi un problème difficile à résoudre, mais cette difficulté est également plus apparente que réelle, comme on le verra ci-après.

Il y a, en matière d'*income-taxe*, deux systèmes en présence :

Dans le premier, on exige du contribuable lui-même la déclaration de son revenu.

Dans le second, ce revenu est taxé par une commission nommée *ad hoc*.

En Suisse, à Bâle par exemple, c'est le premier qui est

en vigueur ; le conseil municipal y nomme annuellement une commission de douze notables citoyens, établis dans la ville depuis des années, conséquemment à même de connaître autant que possible la position de fortune de leurs concitoyens. Cette commission, après avoir prêté entre les mains du maire le secret de ses opérations, invite les contribuables, par lettres missives et par insertions dans les journaux, à lui déclarer en leur âme et conscience le montant de leur revenu de l'année écoulée. Cette déclaration se fait par lettre. Le contribuable y dit : « En mon âme et conscience, je déclare que mon revenu de l'année 18.. a été de fr.....; en conséquence, j'ai à payer, selon la loi, la somme de fr..... » La quittance qui est délivrée lors du payement porte : « M. N. a déclaré en son âme et conscience que son revenu de l'année 18.. a été de fr......, pour lequel il a payé la taxe légale de fr......, dont quittance. »

Si la commission a des doutes sur la sincérité de la déclaration, elle fait comparaître devant elle le déclarant, lui explique les doutes de la commission, l'exhorte à faire une déclaration plus conforme à la vérité et ne manque pas de le rendre attentif à l'amende énorme, le quintuple de la taxe légale, qui attend ses héritiers si, après son décès, l'inventaire de ses biens constate qu'il a frustré l'État par des déclarations insuffisantes.

Il faut dire en l'honneur des Suisses qu'ils payent l'impôt volontiers et que les fausses déclarations y sont rares. Cela tient sans doute à la persuasion qu'ils ont que le produit des impôts, dans leur République, sert à l'entretien des écoles et des routes, au maintien de la sécurité publique, en un mot, qu'il est employé uniquement dans l'intérêt de tous, et ne saurait jamais devenir, comme dans d'autres pays, l'objet de fastueuses dilapidations.

Le second système est pratiqué en Prusse. Là, les préfets et les sous-préfets nomment, avec le concours des maires, des commissions chargées de dresser la liste des contribuables et de les taxer. Ce travail achevé, les contribuables sont invités à prendre connaissance, dans un registre *ad hoc* ouvert pendant un certain délai, de la taxe qui leur a été imposée, et de faire leurs réclamations, s'il y a lieu. Le délai expiré, la taxe est exigible pour l'année. D'année en année, les commissions, quand elles ont des doutes sur le revenu-véritable d'un contribuable, et à défaut de réclamation de sa part, haussent la taxe jusqu'à réclamation, laquelle ne manque jamais d'être élevée aussitôt que la taxation dépasse le chiffre du véritable revenu.

Si l'on appliquait en France le premier système, l'impôt pourrait être perçu d'une manière-assez simple. Le conseil municipal de chaque commune nommerait chaque année une commission chargée de dresser la liste des imposables et de recevoir et examiner ensuite leurs déclarations. Dans le courant du mois de mars les contribuables seraient invités par circulaire et par avis dans les feuilles à faire en leur âme et conscience et sur leur honneur, la déclaration de leur revenu de l'année écoulée ; à chaque circulaire serait jointe, au moins pour la première année, le texte complet de la loi autorisant la perception de l'impôt. Les déclarations devront être faites dans le courant d'avril ; passé ce délai, la commission taxera d'office les retardataires, et cette taxation sera définitive pour l'année écoulée, nonobstant réclamation.

La commission devra avoir statué sur toutes les déclarations au 31 mai suivant.

La liste ainsi arrêtée sera remise aux maires et transmise par eux à la direction des contributions directes, qui en dressera des rôles spéciaux qu'elle fera parvenir par la filière ordinaire aux receveurs des contributions directes ; ceux-ci enverront aux contribuables un avertissement spécial dans la même forme que pour les contributions directes, indiquant le revenu imposable et la somme à payer. Le versement devra en être fait en une seule fois, au 31 juillet au plus tard. Les lois et réglements applicables aux retardataires en matière de contributions directes le seront aussi à l'impôt sur le revenu.

De cette manière, on le voit, la perception de cet impôt n'occasionnerait pas de frais extraordinaires : les contrôleurs des contributions directes et les répartiteurs seront tenus de prêter leur concours à la commission, qui pourra en outre, d'accord avec le maire, ou bien à la majorité des voix, appeler dans son sein d'autres personnes dont elle jugera les lumières et les connaissances spéciales utiles à la bonne estimation des déclarations. En cas de contestation, la commission opérera par voie de conciliation. Mais les contribuables négociants, c'est-à-dire tous ceux qui sont justiciables des tribunaux de commerce, pourront, s'il y a doute sur la sincérité de leurs déclarations, être requis de produire leur livre d'inventaire. Quant aux grands agriculteurs ou fermiers, la commission prendra en considération le nombre des arpents en culture, le produit approximatif des récoltes, etc., etc.

Enfin, tous les contribuables seront bien et dûment informés qu'une fausse déclaration de leur part pourra, après leur décès, entraîner pour leurs héritiers de fâcheuses conséquences sous forme de droits doubles ou triples à raison des revenus non déclarés, pendant un nombre d'années qui sera prévu par la loi.

L'impôt sur le revenu, ainsi que nous l'avons dit plus haut, pour être équitable, devra être progressif; on pourrait à notre avis l'établir d'après les bases suivantes :

Sont *exempts* de l'impôt :

Dans les villes de 100,000 habitants et au-dessus, les revenus inférieurs à fr. 3,000 ;

Dans les villes de 10,000 habitants et au-dessus, jusqu'à 100,000 exclusivement, les revenus inférieurs à 2,400.

Dans les communes au-dessous de 10,000 habitants, les revenus inférieurs à 1,800.

1° Sont *soumis* à une taxe annuelle de 1|2 %, soit 50 c. pour cent francs, les revenus de fr. 3,001 à 6,000, sans qu'il soit fait déduction des maxima ci-dessus ; un revenu annuel de fr. 6,000 aura ainsi à payer fr. 30 ;

2º A une taxe de 3/4 %, soit 0,75 c. pour cent francs; les revenus de fr. 6,001 à fr. 12,000; un revenu annuel de fr. 12,000 aurait ainsi à payer fr. 90;

3º A une taxe de 1 %, soit 1 fr. par cent francs, les revenus de fr. 12,001 à 30,000 un revenu annuel de fr. 30,000 aurait ainsi à payer fr. 300;

4º A une taxe de 2 %, soit 2 fr. pour cent francs, les revenus de fr. 30,001 et au-dessus; un revenu annuel de fr. 100,000 aurait ainsi à payer fr. 2,000.

Aucune espèce de revenu ni de traitement, pas même celui des ministres, des prélats, ni même celui du président de la République ne devra être exempté de cet impôt.

Les sociétés commerciales, quoique déjà imposées d'autre part, y seront soumises. Les tantièmes des gérants, leurs indemnités de logement et autres émoluments seront ajoutés à leur traitement et ils devront payer personnellement l'impôt du total.

Les étrangers de passage en France n'y exerçant aucune industrie ou art productif en seront exempts; après un an de résidence ils y seront soumis pour le revenu des biens qu'ils possèdent en France. Y seront soumis dès la première année ceux qui y exerceront une profession quelconque.

S'il paraît équitable d'en dispenser ceux des étrangers qui ne font en France qu'un séjour temporaire pour y consommer leurs revenus, en revanche il semble de toute justice d'y soumettre ceux qui y viennent pour y faire des affaires. Il est bon de rappeler ici que Paris, Lyon, Marseille, Bordeaux, le Havre, Reims, etc., avant la guerre surtout, comptaient par milliers des négociants étrangers qui venaient s'y établir, faisant rude concurrence aux maisons françaises. Ils étaient exempts de l'impôt du sang, puisque la loi de 1831 en affranchissait les fils d'étrangers établis en France. Ne possédant pas d'immeubles dans le pays ils n'avaient pas d'impôt foncier à payer. Il leur suffisait de louer un bureau et de prendre une patente; puis, quand leur fortune était faite, ils s'en retournaient chez eux, emportant leurs capitaux et cédant la place à leurs enfants ou à des amis venus du dehors avec la bonne envie de s'enrichir comme eux.

En agissant ainsi, la France a de tout temps fait preuve envers les étrangers d'une générosité dont on ne lui donnait pas l'exemple et que l'on se gardait bien de payer de retour.

Par l'établissement de cette taxe sur le revenu on remédiera quelque peu à cet état de choses, au moins quant aux impôts.

D'atre part, ce sera un acheminement vers la suppression d'impôts vexatoires et vers une répartition plus équitable des charges publiques entre les différentes classes de la société française.

Afin de mieux fixer les idées en cette matière et de rendre plus plausibles les propositions énoncées dans les lignes qui précèdent, nous croyons opportun de les faire suivre du projet de loi ci-après :

PROJET

de loi établissant un impôt sur les revenus.

ART. 1ᵉʳ. —A compter du 1ᵉʳ janvier 1877, il sera établi un impôt annuel sur les revenus d'après les bases et dans les proportions ci-après :

ART. 2. —Le revenu comprend tout ce qu'une personne, corporation, ou personne juridique a touché dans le courant de l'année, en loyers, fermages, rentes, intérêts de capitaux, salaires, appointements, honoraires et autres émoluments, soit en espèces, soit en nature, et tous bénéfices nets industriels, commerciaux ou autres, peu importe que les biens, capitaux ou établissements dont les revenus proviennent soient situés en France ou à l'étranger.

§ 2. — N'est pas compris dans le revenu ce qu'une personne a perçu dans le courant de l'année à titre de succession, de legs, de dot ou de donation.

§ 3. — Ne pourront être déduits du revenu les frais de maison et autres dépenses du contribuable ayant pour objet l'entretien de sa personne ou de sa famille.

ART. 3. — Sont exempts de l'impôt, dans les villes de 100,000 habitants et plus les revenus inférieurs à fr. 3,000; dans les villes de 10,000 habitants et au-dessus jusqu'à 100,000 exclusivement, les revenus inférieurs à fr. 2,400 ; dans les communes au-dessous de 10,000 habitants les revenus inférieurs à fr. 1,800.

ART. 4. — Sont soumis à une taxe annuelle de 1/2 %, soit 50 c. pour cent francs, les revenus de fr. 3,001 à 6,000.

A une taxe de 3/4 %, soit 0,75 c. pour cent francs, les revenus de fr. 6,001 à 12,000.

A une taxe de 1 %, soit 1 fr. pour cent francs, les revenus de fr. 12,001 à 30,000.

A une taxe de 2 %, soit 2 fr. pour cent francs, les revenus de fr. 30,001 et au-dessus,

Sans que dans aucun des ces cas il puisse être fait déduction des minima mentionnés à l'art. 3.

ART. 5. — Sont en outre exempts de l'impôt sur le revenu : 1° les hôpitaux et les bureaux de bienfaisance administrés sous le contrôle des communes ; 2° les étrangers n'ayant pas de domicile fixe en France, y vivant de leurs rentes et n'y exerçant ni industrie, ni commerce, ni profession quelconque.

ART. 6. — Après un an de séjour, les étrangers qui n'exerceront en France ni industrie ni commerce, ni profession quelconque seront soumis à l'impôt à raison des revenus des biens qu'ils posséderont en France. S'ils y exercent une industrie, un commerce ou une profession, ils seront soumis à l'impôt à raison des revenus de tous leurs biens, même de ceux qu'ils possèdent à l'étranger.

ART. 7. — § 1. Dans les deux premiers mois de l'année les conseils municipaux nommeront, suivant l'importance des communes, une ou plusieurs commissions, dont les attributions sont déterminées par les dispositions des articles suivants.

§ 2. — Les fonctions de ces commissions sont gratuites. Néanmoins le conseil municipal sera autorisé, s'il le juge opportun, à voter pour les membres de la commission un jeton de présence dont il fixera la valeur.

§ 3. — Ne pourront être membres de ces commissions que des Français jouissant de leurs droits, n'ayant fait ni faillite, ni arrangement, et ayant dans la localité au moins dix ans de résidence. Ils devront en outre être inscrits sur les registres des contributions directes, ou être passibles du présent impôt sur le revenu.

§ 4. — Le nombre des membres de la commission devra être de cinq au minimum; le maximum n'en est pas limité. Sont membres de droit avec voix délibérative les maires, ou à leur défaut leurs premiers adjoints.

ART. 8. — § 1er. La commission, après avoir prêté entre les mains du maire le serment de garder le secret sur les opérations, se réunira pour la première fois sur la convocation du maire. Elle nommera ensuite son président et son secrétaire. Elle dressera la liste des contribuables de la commune ou de la section communale pour laquelle elle a été nommée. Dans la première quinzaine du mois de mars elle invitera les contribuables, par avis dans les feuilles, par *lettres closes* et par affiches à lui faire, dans le délai d'un mois *la déclaration écrite et signée d'eux* du total de leurs revenus de l'année écoulée, c'est-à-dire du 1er janvier au 31 décembre. A chaque lettre sera joint, au moins pour la première année, le texte imprimé de la présente loi, et en outre, et chaque année, un formulaire de déclaration.

§ 2. — Ce formulaire sera conçu en ces termes : *en mon âme et conscience et sur mon honneur*, je déclare que mon revenu de l'année 18.. a été de fr... et qu'en conséquence j'ai à payer, en vertu des dispositions de la loi, la somme de fr.

N...... (nom) .... (demeure)..... le... 18
Suit la signature.

Cette déclaration sera envoyée cachetée par le contribuable au maire ou au président de la commission.

§ 3. — Seront tenues à faire cette déclaration toutes personnes passibles du présent impôt, quand même elles n'auraient pas reçu d'invitation par lettre, l'avis inséré dans les feuilles et l'affichage étant considérés comme un avertissement suffisant.

ART. 9. — § 1. La commission sera convoquée par son président ou par le maire ; elle se réunira aussi souvent qu'il en sera besoin.

Elle procédera à l'ouverture des déclarations et statuera sur leur admissibilité. Si elle a des doutes sur la sincérité d'une déclaration, elle pourra faire comparaître le déclarant en personne pour entendre ses explications ou pour lui en demander.

§ 2. — Les négociants et autres personnes soumises à la juridiction commerciale, toutes corporations, compagnies, associations ou confréries, seront tenues de produire leurs livres d'inventaire et autres si la commission le requiert.

§ 3. — La commission pourra s'adjoindre, mais avec voix consultative seulement, telles personnes dont les lumières ou les connaissances spéciales, lui sembleront utiles à ses investigations. Elle pourra aussi demander le concours des contrôleurs et des répartiteurs des contributions directes, lesquels auront voix consultative seulement.

Elle s'efforcera d'arriver à la fixation du revenu réel par voix de conciliation.

§ 4. — Si cependant elle avait la conviction que le contribuable a maintenu sciemment une déclaration frauduleuse, elle pourra le taxer d'office, à titre de punition, au triple de la somme qu'elle estimera être le chiffre exact de l'impôt dû par le déclarant, sauf recours de ce dernier, conformément aux dispositions de l'art. 13 de la présente loi.

ART. 10. — Les personnes imposables, qui jusqu'au 15 avril n'auront pas envoyé leurs déclarations, seront, par lettre chargée, invitées à le faire avant le 30 avril au plus tard. Passé ce délai elles seront taxées d'office par la commission, et *aucune réclamation* ne pourra être admise contre cette taxation *pour l'impôt de l'année courante.*

ART. 11. § 1. — Les commissions devront avoir terminé

leurs opérations le 15 mai au plus tard. Les listes des contribuables seront transmises par le maire ou le président de la commission à la Direction des contributions directes, qui en fera dresser des rôles spéciaux. Elle fera aussi imprimer des avertissements particuliers, dans la forme usitée pour les autres contributions directes, indiquant le revenu imposable, la taxe afférente et la somme à payer. Elle fera parvenir ces rôles et ces avertissements par la filière ordinaire aux receveurs des contributions et aux contribuables.

§ 2. — Le versement de l'impôt devra être effectué en une seule fois au 31 juillet au plus tard. Les lois et réglements applicables aux retardataires en matière de contributions directes le seront aussi à l'impôt sur le revenu.

ART. 12. — Si par suite d'un décès, d'une séparation ou d'une liquidation quelconque, il est constaté qu'une personne a sciemment célé une partie de son revenu, l'État pourra répéter contre les héritiers ou ayant droit le triple des sommes payées en moins pendant les cinq dernières années au plus.

Les personnes imposables que la commission aura omis d'inscrire sur les listes, et qui n'auront pas fait de déclaration, malgré l'avis inséré dans les feuilles, seront également passibles du triple de la taxe qui leur incombait pendant les cinq ans au plus qui ont précédé la découverte de la fraude.

ART. 13. — Les contestations, s'il y a lieu, seront adressées au Préfet du département, qui les soumettra au conseil d'arrondissement du ressort. Ce conseil décidera en première instance. En cas d'appel, l'affaire sera transmise par l'entremise du Préfet au conseil général dont la décision sera définitive.

Paris. — Imp. Mod rne (Barthier d'), rue .-J.-Rousseau, 61.

PARIS
Imp. Moderne, Barthier, d'
61, rue J.-J.-Rousseau

www.ingramcontent.com/pod-product-compliance
Lightning Source LLC
Chambersburg PA
CBHW050450210326
41520CB00019B/6152